Licht im Licht

AF215002

„In Deinem Licht schauen wir das Licht"

Psalm 36,10

Anne Höver OFS ist Diplompsychologin.
Sie ist christlich-jüdisch inspiriert und hat
Hinduismus, Buddhismus und Tibetologie
studiert.

© 2019 Anne Höver
Herstellung und Verlag: Books on Demand
GmbH, Norderstedt
ISBN 9 783748 141082

Anne Höver

Licht im Licht

Gedichte

und zwei Erzählungen

Für meine Mann Günter

Spiegel

Spiegel sind wir
für göttliches Licht
Instrumente sind wir
für göttliche Musik

Weißer Hauch
von Licht
heiliger Atem
jenseits der Zeit
aus Ewigkeit

Blütenrausch im Frühling

Blütenrausch im Frühling
zarter Maienduft
Ahnung von Sonnenwarmer Luft
Vogelgesang im Blütenmeer
Honignektar rings umher
warmer Atem der Natur
zwei Schäfchenwolken
ziehen am Himmel nur
blaue milde Frühlingsluft
maigrüner Gräser würziger Duft
rings um mich her
ein träumendes Blütenmeer

Sommer

Rosenblüten atmen Licht
die scheue Nachtigall
fliegt in die Tannenhecke
singt ihr Lied
letzte Sonnenstrahlen
schweben Gelb und Rot
am Abendhimmel
bald kommt die Nacht

Liebe

Liebe – Macht der Kinder
und Schwachen
Liebe – Macht der Mütter
und Alten
Liebe – Macht der Kranken
und Behinderten
Liebe – Macht die zwei
Menschen
für immer verbindet
Liebe – göttliches Geschenk
für jeden Menschen
Liebe – Antwort auf
den himmlischen Vater
Liebe – Macht die die Welt
verändert

Frühsommer

Das Licht es atmet
heiteren Glanz
der Sommer zieht ums Haus
als wüchsen aus verschlossnen
Türen
zehntausend Rosen heut
mit ihrem Duft
es blüht der Himmel
und es streicht die Luft so sanft
mit taubetränktem Schimmer
inmitten Blütenlächeln
schwebt ein sonnenwarmer Duft

Der Falke

Ich zog mir einen Falken
gar jung und schön war er
rotgold leuchtet sein Gefieder
er flog in lichten Himmel
hoch hinein
und kam zurück
gar nimmermehr

Angeregt durch den
mittelalterlichen Minnesänger
„ Der von Kürenberg" – „Ich
zoch mir einen Falken" -

Akazien

Honigsüße Akazien
Bienengesumm
hellgrün belaubt
steht jener Baumriese
Flirren von Sonnenflecken
Lichtgitter, Traumkaskade
Sanfter Frühlingszephir
über moosigem Grund
Herbstlaub

Herbstlaub
Duft von Reife
goldrote Wälder
schimmernde Kastanien
letztes Leuchten
warmer Sonnenstrahlen
bald wird es kalt

Mitternachtsgesang

Silberhell klingende
singende Lichtstimme
der Mitternacht
Engelsgeläut
Triangel fein
Geige stimmt ein
Göttlicher Klang
in himmlischen Sphären
ewig unendlich zarter Gesang

Himmelskonzert

Jesu Liebe
Allgegenwart
Lichtbogen
mit Engelskonzert
Flöten silberfein
Zimbeln stimmen ein
Geigen jubeln
Regenbogenfarbig
Harfe singt
Cello warm klingt
Engel aus reinstem Licht
musizieren in ewigen Sphären
funkeln diamanten dicht
in unsterblichem Licht

Wasser des Lebens

Die Wasser des Lebens
steigen auf aus der Tiefe
und quellen über
Sie laben und erquicken
eine jegliche Quelle fließt
frisches kühles Nass
löscht in der Hitze
des Lebens den Durst
Deine Worte Oh Jesus
sind Wasser des Lebens

Bläuling

Sonnentrunkener Bläuling
schwebt zur Aster
Purpurhauch liegt
über den herbstlichen Blüten
azurfarbenes Zelt
warme Wiesen
mildes Abendrot
im Wolkenland

Maria

Ewige allerhöchste Jungfrau
Gottesmutter Maria
mit dem Schleier
der Unschuld bekleidet
ein Sternenmantel
bedeckt deine keuschen
Schultern
Sternengekrönte
mit dem Sonnenkleid
Rosenbeschuhte
Dein Mund
spricht ewige Wahrheit

Triangelklang
Sextettgesang
Flötenorchester
zehnte Dimension
im Wolkenkonzert
singende Bläue
Duft der Nacht

Sternenlied
Rosenblüten blicken
und nicken
schicken sanften Blumengesang
in die Ahnung der
Morgendämmerung

Felix Arabia

Alabasterleib
Samthaut
dunkle Mandelaugen
Rosenmund
Pfirsichatem
der orientalischen Braut
Felix Arabia
Moschus und Weihrauch
Lichter aus tausend und einer
Nacht

Schleiertanz der Scheherezade

Seidenlocken
goldener Vorhang
öffnet sich leis
Zimbeln erklingen
Tamburine singen
kaum ahn ich den Tanz
hinter Schleiern
verbirgt sich die Schöne

Schöne Königin von Saba

Brokatenes Gewand
goldene Armreife
Brillantdiadem
Perlen und Rubinmund
goldbestickte Schuhe
in elfenbeinerner Sänfte
schwarzes Lockenhaar
singend und tanzend
die Dienerschar
erreicht die Stadt
auf dem Berge
die schöne Königin
von Saba

Elfenbeinerner Turm

Heimat der Weisen
der Dichter und Denker
Einsamkeit in der Zweiheit
Zweiheit in der Einsamkeit
Turm des ewigen weißen
Schachspiels
Diener der Königin und des
Königs

Ballerina

Zartes Geschöpf
in schwebender Drehung
Spitzentanz
zur feinen Musik
silberner Klang
Porzellangesicht
Hände aus Licht
unendlich leise
erhebst du dich
zum innersten Leuchten
im Tanz

Nächtliches Licht

Du mein guter Gott
mild ist Dein Licht
mild ist Dein
leuchtendes Angesicht
mit Liebe umgibst Du mich
Du umschließt mich
von allen Seiten

Blütenschwangere Zukunft

Im Garten schlafen die Bäume
eine jegliche Rose
hat zur nächtlichen Ruhe
sich gebettet
noch ahn ich in der klaren
Dunkelheit
die ersten Morgenstrahlen
in der Frühe
erwachen neue Knospen
am Rosenbusch
es dringt der nächtliche Duft
ins Haus
alle Blüten öffnen sich
am neuen Tag
dir meiner Sonne

Mitternächtliche Sonne

Mitternächtliche Sonne
Du mein Jahwe
Dein Glanz umgibt
mich ganz
halt mich fest
in Deinem Licht
Du Vater mein
in Deinem Sonnenschein
leb ich des Mitternachts
wenn all mein Tagwerk
ist vollbracht
mit Deinem Glanz
umgib mich ganz
in Ewigkeit
für alle Zeit

Zukunft im Mutterleib

Puls der Gezeiten
im Wasser des Glücks
Traumland
in ewiger Zukunft

Das Kind in Mutters Armen

Wie zart liegt
mir mein Kind im Arm
wie schläft es selig ruhig
oh könnt ich dich beschützen
mein Leben lang
wie gern leb ich für Dich

Ein Kind so klein
so sanft
so verliebt in den Vater
auf Vaters Schoß
so find ich mich
in deinen Armen
mein Vater Jahwe

Nächtliche Stille
Lichtglanz hüllt mich ein
weiße Rosen umgeben mich
zur Mitternacht
Schutz des Höchsten
voller Liebe ist die Welt mir
Urvertrauen in meinen Jahwe

Wo Ost und Westen sich
verbindet
hohe Dichterkunst sich findet
dort geist'ge Liebe sich
entzündet

Liebesperlen

Liebesperlen
und Traumschaum
auf dem Meer
der Unendlichkeit
Sternengeflüster
in nächtlicher Fülle

Kubistische Komposition

Es fliegt ein blauer Duodekaeder
darauf singt ein oranger
Pentaeder
daneben spielt ein gelber
Oktaeder
dazwischen weiße Pyramiden
sie drehen sich leise
ich ahn das Farbenspiel
in der unendlichen Komposition

Pyramidenblitze

Pentaeder lacht
Pyramidenpracht
schimmert goldne Spitze
sendet weiße Blitze

In ein Meer geworfen
voller Sterne
war ich heut
zu Mitternacht
ach wie schwamm
ich doch so gerne
in der hellen Sternenpracht
Morgen naht
der Mond wird bleich
war doch meine Nacht
so sternenreich
bald steht die warme Sonne
schon am Mittagszelt
es atmet Licht
die helle Welt

Sternensamen schwamm
über uns allen
heute Nacht
als die Einhörner schliefen
Schnuppen flammten auf
geträumte Wünsche
wogten leise in uns
als der Morgen nahte
war der Himmel pfirsichzart

Der lichtgleiche Mund
des Geliebten
ist meine ewige Freude
seine Himmlische Stimme
meine Lust
Sein Glanz
die Zierde meines Hauses
Sein Atem meine Seele
in Dir mein Gott Jahwe
Du Allgegenwärtiger
ist mein Leben
Du bist meine Zuflucht
für immer

Die Nachtigall
erfreut die sich
öffnende Rose
ihr Gesang
berauscht den Duft
der holden Blüte
Rosenduft
und Nachtigallengesang
in der einen unvergleichlichen
lichten Nacht

Süße Shirin
Küsse der Süße
Morgentau
nach lichter Nacht
unendliche Liebe
Einheit mit dem Höchsten

Rosenwangen des Geliebten
ein Lied auf den Lippen
eine Perle im Haar
Brillantlicht
Gesang der zarten Stimme
Liebesgeflüster
inmitten der Liebesnacht

Mit der Melodie
der Blumen
mit dem Moschusduft
der Nacht
mit meiner schönsten Blüte
erwarte ich Dich
meinen Geliebten
heute Nacht
ach wie möchte ich dich
mit Rosen bestreuen
dich kosen und küssen
heut Nacht
zur Mitternacht fühle ich deinen
sanften Schlummer
deinen geliebten Atem
bin glücklich mit dir
wenn der neue Tag erwacht
und bringe dir
in der Morgenfrische
die schönste Blume
des Gartens

Weihrauchduft
Narzissenaugen
Rosenwangen
eine Locke
des Geliebten
in der Hand
so möchte ich
tanzen
in der Mitte
des Marktplatzes

Die Süße des Herzens
finde ich beim Geliebten
den Duft der Rosen
in seinem Haar
seine Musik erreicht
mein Ohr
ein Orchester erklingt
eine Flöte hebt an
silbern und fein
Himmelsmusik
himmlischer Geliebter
mein Gott Jahwe

Als ich mich
auf die große
Suche begab
fand ich Dich
meinen Gott Jesus
und Du fandst mich
nun lebe ich
in Jesu Liebe
immerdar
und in der Liebe
Gottes des Vaters
Jahwe für immer

Einst kam ich
hoch zu edlem Rosse
ich minnete ein hohe Frouwe
sie winkte mir
mit weißem Tuche
rasch warf sie es mir zu
beglückt hob ich es auf
drauf ritt ich schnell davon
und sah sie dann
gar nimmermehr

*Nach einem Bild aus der
Manessischen
Liederhandschrift
„Der Graf von Schwarzenberg"*

Heiteres Licht
in der Nacht
vom gütigen Gott
gebracht
umgibst mich ganz
mit ewigem Glanz
heiteres Licht
in der Nacht

Im Licht
des göttlichen Tages
schwimmt
der sonnenfarbene Lotos
im tiefblauen Teich
Spiegel des Himmels

Abrahams Traum

Abrahams Traum
von ewigem Sternenglanz
Zukunft der Äonen
Samen Gottes

Oh Heilger Geist
mit Feueratem
weißem Licht
erfüll die Herzen
denen es an Liebe
ach so oft gebricht

Für meinen Mann
Günter

Süßer als Honig
ist meine Liebe zu Dir
es träufelt Balsam
von Deinen Lippen
und Moschusduft
umhüllt mich ganz
deine Zähne Geliebter
wie Perlen
mein Haar umstreicht Dich
mit weichem Glanz
Pfirsichhaut ganz zart
trifft fein leuchtende
Porzellanhaut
Rehaugen sehen mich an
zärtliche Blicke
Kosen, berühren
inmitten der hellen Nacht

Flüchtlingszüge
ohne Brot
ohne Wasser
Durst der Kinder
und der Jüngsten
Lager mit Stacheldraht
wie Guantanamo für Babys
so fliehen hunderttausende
Menschen vor Krieg und
Bomben
erbarmt euch doch
gebt Milch und Brot
und heißt Willkommen
diese Flüchtlinge
die zu uns kommen
in ihrer Todesnot
steht Jesus Christ
vor unsrer Tür

Sonnenvögel

Sonnenvögel
golden schwingt
ihr euch ins Firmament
gleitet durch die Bläue
in die Ferne
im warmen Glanz
des frühen Sommers

Betrachte jedes Blatt
von jedem Baum
und merke was Gott
der Herr der Stärke
dir darin aufgezeichnet hat

(frei nach Saadi)

Güte

Sanftmut und Güte
bringst Du mir
Jesus Christ
wie geduldig du bist
mit mir Ungeduldiger
wie oft Du mir verzeihst
Jesus sei mein Lehrer
lass mich Deine Liebe
Sanftmut und Geduld
Dein Verzeihen leben
mit mir und den Anderen

Sonnenglanz zur Mitternacht
meines Gottes Geistes Pracht
vieltausend Rosen sternenhell
am Himmel stehn geschrieben
aus Weltallsternen hat der Vater
einst
seine Liebessymphonie gesungen
tief in meinem Innern
und am Himmel hell
ist sie aufgeklungen

Lotosblüte
Öffnet zart sich licht
Helles Schauen
Sterngedicht
Im weißen Lotosangesicht

Zartes Flüstern in der Nacht
sanfter Atem neben mir
ruh ich sanft bei Dir
bis der Morgen licht sich naht
bist Du meines Herzens König
eng vereint begrüßen wir
den neuen Tag

Morgen

In pfirsichfarbener Morgenröte
klingt silberfein die Engelsflöte
es schwingt so sanft das milde
Licht
wenn sanft und leis der Tag
anbricht

Annunziatione

Zu einen Bild von Fra Angelico

Engel Gabriel
auf zarten, feinen Schwingen
schwebst du hernieder
aus des Vaters
höchster Herrlichkeit
trägst eine weiße Lilie
zu der Jungfrau
der Süßen
zu künden
unsres Herzens Freud

Musik

Wie König David
zu der Harfe singt
so zärtlich
Salomonis Liebeslied erklingt
süße Melodie
aus Himmelshöhen schwingt
ewige Musik
der Himmelschöre klingt

Feuer des Geistes
Jahwes Liebe
getrocknete Tränen
Sterne singen
Jahwes Liebe
Feuer des Geistes

Konzert zur Mitternacht

Du bist da
ein Singen Klingen, Jubilieren
mein Jesus und mein Vater Gott
Heilig Heilig Heilig ist der Herr
es tönt in mir Dein göttliches
Konzert
wachen für Dich
Dir gehört meine Treu
all mein Denken
meine Lieb ist Dein
Dir hab ich meine Liebsten
anvertraut
Dir vertrau ich Vater Jahwe
und mein Jesus
jetzt um Mitternacht und
immerdar

Konzert um Mitternacht

Sternenwelt die singt
Weltall das dir
zur Ehre Jahwe klingt
ein Raunen Flüstern
Engel klingen nur
es schweigen Wolken
Bäume und Natur
bis erster Sonnenstrahl
den Morgen kündet
hat sich in Lieb
mein Herz entzündet

Sanfter Klang

Leise leise
tief in mir
ein göttlich Leben
heiliger Klang
ein heilig Leben
für mich von Dir

Gloria singt es
allerorten klingt es
dein göttliches Lied
tief im Herzen
lebt die Liebe
zum ewigen
heiligen Lied

Die Natur ist erwacht

Früher Sommer
Rosenduft schwebt
in der Luft
Sonne heiß
leuchtend stahlt
das Licht im Himmel
überall Vögel
singen auf Wipfeln
der grünenden Tannen
blaugrüner Duft
von Wiesen mischt sich
mit Sommerhauch
Schmetterlinge taumeln
von Blüte zu Blüte
ahnend den bunten
kühleren Herbst

Der Geliebte

Der Geliebte gleicht
dem Wuchs
einer Zeder des Libanon
wie glanzvoll
ist sein Gesicht
wie zart sind seine
Tulpenwangen
wie strahlen
seine Narzissenaugen
wie entströmt
seinen Lippen Rosenduft
sein Wesen leuchtet
wie die Sonne
ja schön bist Du
mein Geliebter
wie sehn ich mich
nach Deiner Gegenwart
beglückt ist die Zeit mit Dir
verheißungsvoll Deine Worte
Ewigkeit inmitten der Zeit

Die Rose

Zarte Knospe öffnet sich
dem Sonnenstrahl
Lichtfülle samtigrot
ein Inneres aus Purpurseide
zartes Polster, Staubgefässe
Krönlein fein
spät Hagebuttenherbst
und volles süßes Rot

Nachtigallengesang
in lauschiger Nacht
Mondlicht über dem See
Liebesatem
durchströmt
das Sternenlichtmeer

Die Vögel verkünden
Jahwes Liebe
die Rosen verströmen
des himmlischen Vaters Duft
die Sterne nicken
und treten zu Rosen zusammen
Jahwe, voller Wunder
ist Deine große Liebe

In des Glanzes Ewigkeit
jenseits aller Welt und Zeit
preis ich des höchsten Vaters
Namen
in des Jesuskindes heiliger Liebe
Amen

Licht im Licht
Spiegel im Spiegel
Gott Jahwe Elohim
schuf den Menschen
nach Seinem Ebenbild
nach Seinem Bilde
schuf Er ihn
Er hauchte
ihm eine Seele ein
Licht im Licht
Spiegel im Spiegel

Die Geschichte vom Lehnstuhl
Eine Fabel

Es war vor langer, langer Zeit ein Poet, der einen herrlichen dunkelroten Lehnstuhl aus Samt besaß, immer wenn er seine schönsten Gedichte schrieb setzte er sich bei Kerzenlicht abends in den samtenen Lehnstuhl. Ei, was bin ich doch für ein schönes Möbel, dachte eitel der Lehnstuhl, und wie verdankt mir doch der arme Poet seine beste Inspiration, ja ich denke, dass ich geradezu überragend sein muss, und dann setzt sich doch dieser arme Tropf jeden Tag mit seinem ganzen Gewicht auf mich. Was ich doch, ich Hochfürstlicher, zu tragen habe, aber bisher noch kein Wort des Dankes an mich hohen Samtenen.

Eines Tages, als sich der Dichter wieder in den Lehnstuhl setzte – nein, wir müssen schon sagen: sich mit seinem ganzen Gewicht hineinwarf, da erzürnte der dunkelrote Lehnstuhl aufs äußerste und wurde vor Ärger noch röter.Es gab es einen lauten Krach und der Sitz des Lehnsuhls brach ein, denn er hatte genug vom Dienen.

Das wird ihm eine Lehre sein, so dachte der alte Sessel und freute sich, dass der Poet mit seinem Hinterteil auf dem Boden landete. Aber es kam alles anders als es sich der

Samtlehnstuhl ausgemalt hatte. Der Poet schob den alten Sessel vor seine Haustür und karrte ihn mit dem Leiterwagen zum Sperrmüll.

Da bereute der vorher so stolze Lehnstuhl seinen Hochmut und erinnerte sich, wie gern er doch den Poeten an den warmen Abenden beim Schein der Kerze getragen hatte. Ach wie gern hätte er ihm jetzt gedient.
Zwei, die zusammengehören, sollen einander gern tragen und einander dienen, so will es ein gutes Geschick

Ich ging mit dem Stern
Die Geschichte von Annele, Victor und
Sarah Zelig

„Victor, spiel mir was vor," bettelte Annele,
und Victor spielte auf der Querflöte sein
Stück noch einmal: Vivaldi, der Frühling
aus den vier Jahreszeiten. „Jetzt ist aber
genug, Annele," sagte er, als er geendet
hatte, „jetzt geh schlafen, die Mutter kommt
sicher gleich zum Gute-Nachtkuss." Annele
zog ein Schnütchen: "Vici, es ist doch so
schön, wenn du spielst und Mutter ist noch
in der Küche". Doch da kam die Mutter
schon ins Zimmer. „Auf geht's, meine
Süßen, jetzt ist Zeit fürs Bett." Sarah Zelig
lebte in der kleinen Zweizimmerwohnung
mit ihren zwei Kindern allein, Jakov Zelig
war vor einem Jahr an Krebs gestorben und
Sarah hatte ein bescheidenes Einkommen
als Sekretärin.

Die Zeiten hatten sich geändert, seit 1939
war Krieg und nun schrieb man das Jahr
1940. Ein Wunder war es, dass Sarah Zelig
noch Arbeit hatte. Der Notar, bei dem sie
arbeitete, war ein Menschenfreund und ein
Freund ihres verstorbenen Mannes. Es kam
noch bitterer für die Zeligs. Seit Neuestem
mussten sie, weil sie jüdischen Glaubens
waren, an ihre Mäntel einen gelben
Judenstern nähen. Von Teilen der

Bevölkerung wurden sie als Juden gemieden oder verachtet, ja sogar auf dem Trottoire mussten sie ausweichen auf die Straße, wenn SA-Leute oder andere Nazis auf dem Bürgersteig ihnen entgegenkamen. Oft hörten sie, wie ihnen Judenpack nachgerufen wurde, Mama Sarah hatte oft Tränen in den Augen, dennoch versuchte sie, ihre Kinder zu trösten und ihnen eine schöne Kindheit zu ermöglichen. Ihr zehnjähriger Sohn Victor war hochmusikalisch und spielte Klavier und Querflöte. Die vierjährige kleine Annele hing zärtlich an dem großen Bruder und an der Mutter.

Eines Tages ging Sarah Zelig mit ihrem kleinen Annele und Viktor zum Einkaufen in die nahe gelegene Stadt. Da kamen sie an einem Obstladen vorbei, und eh sich die Mutter versah, hatte das kleine Annele einen Apfel aus einer Obststeige gegriffen und in den Apfel hineingebissen. In dem Augenblick kam der Obsthändler aus dem Laden und schrie erbost Judenpack! Er hatte den gelben Stern auf Sarah Zeligs Mantel gesehen und war drauf und dran, die Polizei zu rufen. Zarah Zelig konnte ihn kaum beruhigen. Sie drückte dem Obsthändler einen Zehnmarkschein in die Hand und sagte leise: „Bitte, nehmen sie dies für den entstandenen Schaden." Der

61

Obsthändler lenkte ein. Am nächsten Tag erzählte Sarah Zelig ihrem Arbeitgeber von dem Vorfall. Der war gerührt und riet ihr zur Emigration nach Amerika, um den drohenden Judenverfolgungen zu entkommen. Er schätzte Sahrah Zelig sehr und schenkte ihr aus seinem Vermögen 10000 Mark.

So kam es, dass die jüdische Mutter mit zwei Kindern ein Schiff nehmen konnte und in die USA emigrierte. Viele Jahre später, als Viktor Zelig ein bekannter Pianist und Annele Zelig eine bekannte Poetin war, fand ein Konzert in Deutschland statt, das über alle Rundfunksender übertragen wurde. Es war mitten in der Weihnachtszeit und Viktor erzählte vor Beginn des Konzerts von wunderbaren Rettung seiner Familie. Viktor spielte auf dem Klavier das alte Weihnachtslied „Stille Nacht, Heilige Nacht" und Annele sang dazu: das Lied von dem kleinen jüdischen Jesuskind. Ihre Mutter Sarah Zelig war vor einem Jahr gestorben, und noch heute erinnern die Kinder sich an den Apfel den Annele gestohlen hat und wie sie dem Konzentrationslager entgingen, weil der Obsthändler sie nicht angezeigt hatte und der Notar ihnen das Geld für die Überfahrt gab. So sind viele Juden wie die Zeligs in der Zeit der Not von barmherzigen

Menschen gerettet worden, bis schließlich Hitler stürzte und die Amerikaner kamen und mit ihnen die Befreiung. Der Höchste Gott hat Hitlers Spiel für immer zerstört und liebt und schützt sein Volk, so auch Annele und Viktor und viele Juden und Christen.

„Licht im Licht" ist das achte Buch mit Gedichten von Anne Höver. Von ihr noch erhältlich bei BoD sind die Titel „Da singt die Sonne", „Davids Lied" „Mein Kirschherz voller Süße" „Sternenlieder", „Oktaederlöwe" und „Karols unendliche Reise".